DIESES BUCH GEHÖRT:

_____

_____

5 4 3 2 1   24 23 22 21 20

ISBN 978-3-649-63437-9

© 2020 Coppenrath Verlag GmbH & Co. KG, Münster
Alle Rechte vorbehalten, auch auszugsweise
Text: Annegret Pietron-Menges
Covergestaltung & Illustrationen: Nora Paehl
www.coppenrath.de

GESCHICHTEN ZUR
Erstkommunion

Annegret Pietron-Menges

COPPENRATH

INHALTSVERZEICHNIS

MARIE MACHT EINE ÜBERRASCHENDE ERBSCHAFT

Es geschah vor einem Jahr, an einem traumhaft schönen Sommertag. Maries Großvater hatte seine Nachbarin auf ein Schwätzchen zum Kaffee eingeladen. Sie klingelte, aber er kam nicht zur Tür. Da ist sie um das Haus herum in den Garten gegangen, und dort fand sie ihn. Er saß auf der Bank und war tot. Ganz friedlich sah er aus. „Es war ein sanfter Tod", sagte der Arzt.
Aber trotzdem waren alle sehr traurig. Vor allem Marie hat viel geweint und tut es manchmal immer noch, besonders abends, wenn sie in ihrem Bett liegt. Sie würde ihren Großvater gern noch so viel fragen; aber das geht nicht mehr, nie mehr.

Auch die Beerdigung war traurig. Aber danach, beim Beerdigungskaffee, wurde es richtig lustig und fröhlich. Alle Freunde, Nachbarn und Bekannten von Großvater waren gekommen. Erst waren alle noch ganz still und ernst. Doch als sie das erste Stück Kuchen gegessen und die erste Tasse Kaffee getrunken hatten, tauten sie langsam auf. Sie begannen, sich zu unterhalten. Ihre Stimmen und das leise Geschirrgeklapper taten gut. Es war ein tröstliches Geräusch. Die Freunde fingen an, von Großvater zu erzählen, und kramten die alten Geschichten und Erinnerungen wieder hervor.

Tante Lotte, die Schwester von Maries Mutter, erinnerte sich noch gut daran, dass Großvater vor vielen Jahren, als Oma noch lebte, einmal spät und etwas angeheitert vom Kartenspielen nach Hause kam. Er hatte einen Bärenhunger und ging zum Kühlschrank, um sich noch etwas zu essen zu machen. Dort sah er eine abgedeckte Schüssel, nahm den Deckel ab und schnupperte. Es roch irgendwie nach Gulasch. „Bestimmt der Rest Gulasch von Sonntag", dachte Großvater, holte sich ein Besteck und aß das Fleisch einfach so aus der Schüssel. Ein bisschen merkwürdig schmeckte es schon, meinte er später.

Morgens, beim Frühstück, fragte Oma: „Sag mal, hast du den Hund heute schon gefüttert?" – „Nein, wieso?" – „Na, als ich eben in die Küche gekommen bin, sah ich die leere Schüssel im Spülbecken stehen … Bernd, ist was? Du guckst so komisch!" – „Öh – ich dachte, es wäre der Rest Gulasch von Sonntag!"

Die Geschichte kannte jeder schon. Trotzdem kugelten sich alle vor Lachen. Ja, so merkwürdig es auch klingt, es war eine fröhliche Beerdigungsgesellschaft. Dabei war es ganz so, als ob Großvater mit am Tisch säße und lächelte.

Als alle Freunde gegangen waren und nur noch die Familie am Tisch saß, sagte Maries Mutter zu Tante Lotte: „Charlotte, ich fände es gut, wenn du und deine Familie in Großvaters Haus ziehen würdet. Du wohnst ja sowieso ganz in der Nähe, und bei dir wäre es in den besten Händen. Du hättest mehr Platz als in eurer kleinen Etagenwohnung. Du hättest endlich einen großen alten Garten, so wie du ihn dir schon immer gewünscht hast, und du könntest Klavier spielen, soviel du willst, zu jeder Tages- und Nachtzeit." Kein Nachbar würde mehr an die Decke klopfen und „Ruhe!" brüllen. Tante Lotte ist nämlich Klavierlehrerin. „Und für Herrn Schmitt wäre es sowieso das Beste." – Herr Schmitt ist der Hund, dem Großvater vor Jahren das Futter weggegessen hatte. Als Großvater gestorben war, hatte Tante Lotte Herrn Schmitt zu sich genommen. Aber er trauerte sehr: Sein Herrchen war nicht mehr da, und alles um ihn herum war fremd.

So wie Maries Mutter es vorgeschlagen hatte, geschah es. Alle waren einverstanden. Tante Lotte war sehr glücklich. Sie selbst hätte sich nie getraut zu sagen, dass sie gern in Großvaters Haus ziehen würde. Vor dem großen Umzug trafen sich alle noch einmal in Großvaters Haus. Jeder sollte sich aussuchen, was er gern „erben" würde. So nahm Maries Mutter ein paar Möbel mit, Omas Kochbuch, die Krippe und einige Bilder. Marie bekam das Roulette-Spiel, das sie so oft mit Großvater gespielt hatte.

Schon nach wenigen Wochen waren Marie und ihre Familie bei Tante Lotte in ihrem „neuen" Haus zum Kaffee eingeladen. Herr Schmitt begrüßte sie freudig bellend und schwanzwedelnd. Alle Räume waren frisch gestrichen, das Bad und die Küche neu gemacht. Im Wohnzimmer stand jetzt Tante Lottes großer Flügel neben Großvaters gemütlichem Ohrensessel. Ja, jetzt war es Tante Lottes Haus, und trotzdem hatte Großvater noch seinen Platz darin. Und das war gut so.

Nach dem Kaffeetrinken stand Tante Lotte auf und sagte: „Übrigens, Marie, ich habe noch etwas für dich. Ich habe es gefunden, als ich in Großvaters Büchern gestöbert habe. Komm mal mit."

Sie gingen hinüber ins Wohnzimmer. Auf dem Flügel lag ein schmales Buch mit einem bunten Umschlag. Marie schlug es behutsam auf und las, was auf der ersten Seite in Großvaters gerader und ordentlicher Schrift stand:

Für Marie, mein Engelkind

Liebe Marie,

in diesem Buch habe ich viele Geschichten
aufgeschrieben, die wir beide zusammen
erlebt haben oder die du mir erzählt hast.
Für mich sind es ganz wichtige Geschichten
und kostbare Erinnerungen, die nicht verloren
gehen oder vergessen werden sollen. Wenn
du sie liest, wirst du dich erinnern, und all
die Geschichten werden wieder lebendig.
Sie werden dich trösten, dich nachdenklich
machen und dir vielleicht helfen, Antworten
zu finden auf die wichtigen Fragen des Lebens.

Vergiss nicht, dass ich dich liebe

Dein Großvater

„Marie, was für ein wunderschönes Buch",
sagte Tante Lotte, die ihr über die Schulter
geschaut hatte. „Und du kennst all diese
Geschichten?" Marie blätterte langsam die
Seiten des Buches um. Ja, in den Geschichten fand sie ihren Großvater wieder. Und
tatsächlich sogar die Geschichten, die sie
schon längst vergessen hatte, wurden wieder lebendig.

„Ja", sagte Marie. „Ja, ich kenne die Geschichten, und wenn du willst, erzähle ich
sie dir und Mama und Papa und dem Lukas, wenn er alt genug ist. Dann weiß er,
wie Großvater war."

So machte sie es dann auch.

Einmal fragte Tante Lotte: „Sag mal, Marie, wieso hat Großvater dich eigentlich ‚Engelkind' genannt? Zuerst dachte ich, er hätte sich verschrieben, aber dann meinte deine Mutter, dass das ganz richtig wäre." – „Ja, das stimmt", sagte Marie. „Das ist nämlich so eine Geschichte …"

GROSSVATERS ENGELKIND

An einem Abend im August saßen Marie und ihr Großvater wie so oft im Sommer auf der Bank hinter Großvaters Haus und schauten zu, wie langsam die Dämmerung kam. Im bläulichen Licht des späten Abends sahen die Farben der Blumen ganz anders aus als am Tag. Auch die Geräusche des Abends waren anders als tagsüber, leiser und gedämpfter. Es roch sogar anders.

Die Blüten des Geißblatts, das am Gartenschuppen neben dem Haus emporrankte, dufteten nur am Abend und in der Nacht. Marie und Großvater liebten diese Stunde des Tages. Sie nannten sie „die Stunde der Fledermaus". Denn in dem Dämmerlicht zwischen Tag und Nacht erwachten die Fledermäuse, die unter dem Dachvorsprung des Hauses wohnten. Marie erkannte sie immer sofort an ihrem seltsam taumelnden, schnellen und lautlosen Flug. Wer abends als Erster eine Fledermaus sah, durfte sich von dem anderen für den nächsten Tag etwas wünschen.

Heute war es Großvater, der die erste Fledermaus entdeckte. „Und was wünschst du dir?", fragte Marie. „Ich wünsche mir, dass ich dich morgen in die Eisdiele begleiten darf und wir zusammen ein Riesenschokoladeneis verspeisen." – „Guuute Idee", strahlte Marie und kuschelte sich noch enger an ihren Großvater.

„Du, Großvater", fragte sie dann, „wie viele Engel hast du eigentlich?" – „Wie bitte?" Großvater war etwas verblüfft. „Na ja, Leonie hat zum Beispiel vierzehn." – „Wieso ausgerechnet vierzehn?" – „Hat sie mir neulich gesagt: Abends, wenn ich schlafen geh, vierzehn Englein um mich stehn: zwei zu meiner Rechten, zwei zu meiner Linken, zwei …" – „… zu meinen Häupten, zwei zu meinen Füßen, zwei, die mich decken, zwei, die mich wecken, zwei, die mich weisen zu des Himmels Paradeisen", ergänzte Großvater. „Ach, du kennst das?", staunte Marie.

„Klar", sagte Großvater. „Es würde mich allerdings etwas nervös machen, wenn jeden Abend vierzehn Engel um mein Bett stünden." – „Dann hast du noch nie einen Engel an deinem Bett stehen sehen?", fragte Marie etwas enttäuscht. „Nein", antwortete Großvater, „jedenfalls keinen mit Flügeln und lockigem Haar." – „Oh", meinte Marie, die es eigentlich ganz schön gefunden hätte, wenn zumindest ein kleiner, beflügelter Engel abends bei ihr am Bett stünde. „Wie sieht denn dann ein Engel aus, wenn er schon keine Flügel hat?" – „Na ja, zum Beispiel wie du", sagte Großvater und lachte. „Mensch, Großvater, jetzt sag mal ehrlich!", rief Marie. „Ich meine das ganz ehrlich", antwortete er. „Engel sind für mich Menschen, die mir guttun, die mich trösten oder die mir aus der Klemme helfen – oder die abends mit mir auf der Bank sitzen und der Fledermaus zuschauen." – „Dann gibt's ja jede Menge Engel", sagte

Marie. „Dann bist du auch ein Engel, und ich bin ein Engel, ein Engelkind. – Hej, das ist gut!", lachte sie und sang: „Ja, ich bin dein Enkelkind, aber auch dein Engelkind, Enkelkind, Engelkind." – „Das ist wirklich gut", rief Großvater und brummte mit.

Schließlich wurde es Zeit für Marie, ins Bett zu gehen. An der Terrassentür drehte sie sich noch einmal um und sagte: „Du bist übrigens ein ziemlich guter Engel, auch wenn du keine Flügel hast." – „Du auch, mein Engelkind", schmunzelte Groß-vater. „Du auch."

„*S*ag mal, Papa", fragte Marie einmal und ließ sich neben ihm auf dem Sofa nieder. „Erinnerst du dich noch an Großvaters altes gelbes Auto, mit dem er immer angereist kam, mit Herrn Schmitt auf dem Beifahrersitz?" – „Klar", nickte ihr Vater. „Das weiß ich noch gut. An einen Besuch von Großvater erinnere ich mich sogar noch ganz genau. Den werde ich, glaube ich, nie vergessen."

GROßVATER

Großvater kam zu Besuch. Marie freute sich schon seit Tagen darauf, denn er konnte wunderbar Geschichten erzählen, Quatschgeschichten und traurige Geschichten. Er konnte Grimassen schneiden, Gitarre spielen, mit ihr singen, und er ließ sie beim Spielen ganz heimlich gewinnen. Großvater war toll.

Seit einer Stunde schon saß Marie am Fenster, um ja nicht zu verpassen, wenn er kam. Endlich sah sie sein altes gelbes Auto in die Straße einbiegen. „Großvater ist da!", rief sie und stürmte zur Haustür.

Sie beobachtete, wie er ein bisschen mühsam aus dem Auto stieg und sich nach der

langen Fahrt streckte. Dann war sie schon bei ihm und flog ihm um den Hals. „Mariechen, was bist du groß geworden!", sagte er. Dabei lachte er sein Großvaterlachen und zauste ihr die Haare. „Komm, hilf mir auspacken." Großvater kam immer beladen wie der Nikolaus: ein Riesenblumenstrauß aus dem Garten für Mama, ein Korb voller Erdbeeren auch aus dem Garten, ein paar Gläser selbst gemachte Marmelade, ein duftendes, frisch gebackenes Brot – „Bin extra um 5 Uhr heute Morgen aufgestanden!" –, Großvaters Koffer, seine Gitar-

re und natürlich Herr Schmitt, Großvaters alter Hund. Der hatte die ganze Fahrt verschlafen und lief jetzt schwanzwedelnd zwischen all den Gepäckstücken hervor.

Mama und Papa kamen aus dem Haus, um Großvater zu begrüßen. Mama trug Lukas auf dem Arm, Maries kleinen Bruder. Der war gerade drei Monate alt geworden. Großvater umarmte Papa. Der Mama gab er einen Kuss auf die Wange und sagte: „Wirst mit jedem Kind hübscher, mein Mädchen."

Dann wandte er sich dem kleinen Lukas zu, der ihn die ganze Zeit mit großen Augen angesehen hatte, schaute ihn an und sagte mit seiner warmen, tiefen Stimme: „Guten Tag, Lukas." Da lachte Lukas, nicht nur mit seinem kleinen, zahnlosen Mund und seinen blitzenden blauen Augen, sondern mit seinem ganzen Körper; seine Arme öffneten sich, und er fing an zu strampeln, sodass Mama ihn kaum halten konnte. Der ganze Lukas strahlte und gluckste vor Freude.

Da tat Großvater etwas Merkwürdiges: Er nahm ganz behutsam ein Händchen von Lukas, küsste es und verbeugte sich vor ihm, ganz tief.

Der Tag verging schnell. Mama hatte etwas Leckeres gekocht; sie blieben lange am Tisch sitzen und erzählten. Aber den ganzen Tag über hatte Marie das Bild vor Augen, wie der Großvater, noch den großen Blumenstrauß in der einen Hand, sich vor ihrem kleinen Bruder verbeugte.

Es wurde Abend. Mama brachte Lukas ins Bett, Papa räumte die Küche auf und Großvater setzte sich in den großen Sessel im Wohnzimmer. Diese Stunde gehörte Marie. Sie setzte sich auf Großvaters Schoß und kuschelte sich an ihn. Sie spürte seinen Bart an ihrer Wange und schnupperte an seinem Hals. Er roch immer so gut – wie frischer Wind.

„Na, Wicht?", sagte er und kraulte ihr den Rücken. ‚Wicht', das sagte nur Großvater zu ihr. Das war plattdeutsch und hieß ‚Mädchen'. Es hatte so einen warmen, gemütlichen Klang und war meist der Beginn eines langen Gespräches zwischen Marie und Großvater. So war es auch heute. „Du, Großvater …", begann Marie. – „Hmm", brummte er. – „Warum hast du dich eigentlich vor Lukas verbeugt?"

„Ja, warum eigentlich?", wiederholte er nachdenklich. „In dem Moment habe ich

gar nicht darüber nachgedacht. Ich würde mich, glaube ich, vor jedem kleinen Kind verbeugen, nicht nur vor eurem Lukas. Kleine Kinder sind für mich wie ein Gruß von Gott, wie eine Ansichtskarte aus dem Paradies. So lachen nur die Menschen im Paradies, die noch nichts Böses erlebt und getan haben. Wenn kleine Kinder lachen, dann ist es so, als ob Gott uns zuruft: ‚Vergesst nicht euer Zuhause. Es ist immer noch da.' Das ist etwas so Wunderbares und Großes, dass ich mich einfach verbeugen muss."

Darüber musste Marie erst mal nachdenken. „Und wie ist es, wenn ich lache?", fragte sie dann etwas zaghaft. Da setzte Großvater sie vor sich auf seinen Schoß, lächelte sie an und sagte: „Ich liebe dich, Marie, genauso wie deinen kleinen Bruder, und ich liebe dein Lachen. Aber weißt du, mit uns Menschen ist es so wie mit kostbaren Bildern. Mit der Zeit setzt sich Staub und Schmutz darauf. Dann leuchten sie nicht mehr ganz so kräftig und klar. So setzt sich auch auf unser Leben und unser Lachen eine Art Staub aus schlechten Erfahrungen und traurigen Erlebnissen. Und die hat der Lukas noch nicht gehabt. – Aber wenn ich dich so recht betrachte", Großvater hielt Marie mit beiden Händen noch ein Stückchen weiter von sich weg, „durch deinen Lebensstaub blitzt es aber noch ziemlich durch, das Paradies. Da! Gerade hat es an deinem linken Ohrläppchen geblinkt und jetzt sogar in beiden Augen!"

Da lachte Marie und knuddelte ihren Großvater ganz doll. Und dann erzählten sich die beiden noch viel.

Als Marie ins Bett ging, drehte sie sich an der Tür noch einmal um und sagte: „Gute Nacht, mein Paradiesgroßvater." – „Gute Nacht, Wicht", sagte der Großvater und lächelte, und Herr Schmitt lag neben ihm und wedelte mit dem Schwanz.

*E*ines Abends schlug Marie wieder einmal Großvaters Buch auf und fragte: „Erinnerst du dich noch an den alten Paul, Mama?" – „Der alte Paul?" Mama dachte nach. „Ja, das war doch der alte Studienrat, der so merkwürdig geworden ist, oder?" – „Merkwürdig, ja, das war er wirklich", sagte Marie. „Das hier ist seine Geschichte."

DER ALTE PAUL

Der alte Paul hieß eigentlich Paul Schneider, Doktor Paul Schneider, um genau zu sein. Aber das schienen die meisten Leute vergessen zu haben. Sie nannten ihn nur den alten Paul. Und wenn sie so sprachen, klang es immer ein bisschen abschätzig, so als ob sie sagen wollten: Den müssen wir nicht mehr ganz ernst nehmen. Der erzählt doch nur Unsinn.

Früher, als der alte Paul ein junger Mann war, hatte er Latein und Geschichte studiert, ein dickes Buch von über 500 Seiten geschrieben und dafür einen Doktortitel bekommen. Er war übrigens nicht nur gescheit, als Lehrer wusste er seine Schüler auch so zu begeistern, dass sie gern lernten und Latein und Geschichte ihre Lieblingsfächer wurden.

Aber das war, wie gesagt, lange her. Kaum jemand erinnerte sich noch an den eleganten und gepflegten Doktor Schneider, der den Frauen Komplimente machte, ihnen galant die Türen aufhielt, sich mit den Männern zum Frühschoppen traf und mit ihnen über Gott und die Welt diskutierte, vor allem über Gott. Denn Doktor Schneider war ein frommer Mann. Jeden Sonntag ging er in die Messe. „Ein guter Katholik", sagten die Leute.

Doch seitdem seine Frau gestorben war, ging es mit ihm bergab. Er begann, sich zu vernachlässigen. Sein Anzug hatte Flecken, sein Mantel war zerknittert und oft schief geknöpft. Er roch nach kaltem Zigarren-rauch und ungelüfteter Kleidung. Niemand mochte mehr gern neben ihm sitzen, sonntags in der Kirche. Dort ging er immer noch regelmäßig hin. Jeden Sonntag um 11.00 Uhr saß er in der ersten Reihe. Den Pfarrer hatte er schon des Öfteren verwirrt, wenn er während der Predigt in meckern-des Gelächter ausbrach oder laut und vernehmlich „Amen!" rief, wenn er meinte, es sei nun lange genug gepredigt. Dann tuschelten die Leute und sagten: „Der alte Paul wird auch immer wunderlicher. Geradezu peinlich ist das ja." Nur einer, der sagte nachdenklich: „Ich glaube, er ist so alt, dass er sich die Freiheit einfach nehmen kann, zu sagen, was er denkt, egal, was die Leute von ihm halten."

Ein anderer nickte zustimmend und meinte: „Er ist so etwas wie früher der Narr an den Königshöfen, der nicht nur seine Späße trieb, sondern als Einziger die Freiheit hatte, dem König und allen andern Leuten die Meinung zu sagen, ohne bestraft zu werden. Narrenfreiheit nannte man das wohl."

Dann geschah etwas, wovon die Gemeinde noch lange sprach und was allen zu denken gab. Es war an einem Sonntagmorgen. Der alte Paul saß wie immer in der ersten Reihe. Neben ihm saß Frau Böhm. Die kannte er gut, denn sie machte oft Besorgungen für ihn und hatte immer Zeit für ein Schwätzchen mit ihm. Frau Böhm war evangelisch. An diesem Sonntag war sie in die katholische Kirche gekommen, weil ihre kleine Nichte Lea dort in der Messe getauft wurde. Es war ein sehr feierlicher und fröhlicher Gottesdienst. Nun war die kleine Lea getauft und schlief wieder friedlich in ihrem Kinderwagen. Die Predigt war nicht von Zwischenrufen unterbrochen worden. Die Wandlung war vorüber. Die Gemeinde hatte miteinander das Vaterunser gebetet, und nun gingen alle nach vorn, um die Kommunion zu empfangen, auch der alte Paul. Aus den Augenwinkeln sah er, dass Frau Böhm in der Bank zurückblieb, denn sie als Evangelische durfte in der katholischen Kirche nicht die Kommunion empfangen. Als er an der Reihe war, ließ er sich die Hostie in die Hand legen, führte sie aber nicht zum Mund, sondern trug sie in der Wölbung seiner Hände wie einen kostbaren Schatz zurück zu seinem Platz.

Dort wendete er sich zu Frau Böhm, brach die Hostie in zwei Teile, gab ihr eine Hälfte und sagte mit fester Stimme: „Der Leib Christi, Frau Böhm. Gott ist mit allen, die ihm dienen." Dabei schaute er sie an, und sein Blick war ganz klar und offen. „Amen", sagte Frau Böhm, und sie aßen gemeinsam. Nach der Messe sah man überall auf dem Kirchplatz die Leute zusammenstehen und erregt miteinander reden. Die unterschiedlichsten Meinungen konnte man da hören: „Habt ihr das gesehen? Unerhört ist das!" – „Einfach empörend!", sagten die einen. „Alle Achtung", sagten die anderen, „der alte Schneider läuft wieder zur Höchstform auf." – „Ach was", riefen da wieder die einen. „Der Alte weiß überhaupt nicht mehr, was er tut. Normal ist das nicht mehr. Er ist völlig närrisch geworden!"

„Närrisch?", mischte sich da eine ruhige Stimme in die allgemeine Aufregung, „ja, irgendwie närrisch ist er schon. Er ist ein

Narr, ein Narr, der frei ist, zu tun und zu sagen, was er denkt. Ein Narr Gottes, das ist er wohl, der alte Doc Schneider."

Einmal, als Marie das Buch durchblätterte, musste sie laut lachen und rief zu ihrer Mutter hinüber: „Weißt du noch, wie Tante Lotte und Papa sich fast in die Haare geraten sind wegen der Geschichte von Maria und Martha?"

MARIA UND MARTHA
UND TANTE LOTTE

Tante Lotte ist schwer in Ordnung. Sie lacht so ansteckend und mitreißend, dass jeder mitlachen muss, ob er will oder nicht. Sie kann unglaublich leckere Nudelsoßen machen und hat Marie im letzten Sommer im Freibad beigebracht, wie man einen perfekten Kopfsprung vom Einer macht. Marie findet ihre Tante genial. Maries Mutter findet ihre Schwester manchmal etwas peinlich, zum Beispiel, wenn Tante Lotte in schwarzer Lederkluft und Helm mit ihrem dicken schwarzen Motorrad, einer uralten BMW mit Beiwagen, angerauscht kommt. Im Beiwagen sitzt meistens Herr Schmitt. Seine langen Ohren fliegen ihm um den Kopf. Auf der Nase trägt er eine Schwimmbrille, damit sich seine Augen nicht entzünden. Ganz offensichtlich genießt er diese Fahrten.

An diesem Samstag kam Tante Lotte allerdings ganz brav mit dem Auto, denn Großvater, der mit ihr gekommen war, lehnte es rundweg ab, diesen „Feuerofen" zu besteigen.

Abends gingen Großvater und Maries Mutter in den Gottesdienst. Tante Lotte und Marie deckten in der Zeit den Abendbrottisch. Papa saß im Wohnzimmer und las. Sie waren gerade fertig, da hörten sie die beiden schon zurückkehren. Maries Mutter schien sich über irgendetwas fürchterlich aufzuregen. Ihre Stimme klang jedenfalls so, während Großvater mit seiner Bassstimme beruhigend auf sie einredete.

Als Tante Lotte ihnen die Tür öffnete, rief Maries Mutter: „Weißt du, welches Evangelium heute vorgelesen wurde?!" – „Ich ahne es", sagte Tante Lotte. „Aber jetzt setzt euch erst mal. Die Rühreier werden sonst kalt."

Kaum hatten sie alle Platz genommen, fragte Maries Mutter: „Und? – Welches Evangelium war's?" – „Also", sagte Tante Lotte, „ich tippe mal auf die Geschichte von Maria und Martha." – „Ach", Maries Mutter staunte. „Woher weißt du …" – „Solange ich mich erinnern kann", grinste Tante Lotte, „regst du dich über dieses Evangelium auf." – „In der Tat", erwiderte Maries Mutter, und ihre Augen funkelten zornig. „Martha macht und tut und sorgt dafür, dass alle etwas zu essen haben. Und das war nicht mal eben so. Jesus kam ja nie allein. Der brachte immer seine ganze Mannschaft mit. 13 Leute mehr am Tisch, stell dir das mal vor! Martha musste bestimmt noch zu den Nachbarn, um sich ein paar Eier oder ein Pfund Mehl zu leihen. Sonst hätte sie die Leute nie satt gekriegt. Und so 'n Mann kann ja was wegputzen." Dabei sah sie ihren Mann an, der sich gerade in aller Ruhe die dritte Schnitte schmierte, während sie noch die erste auf dem Teller hatte. „Und Maria", fuhr sie fort, „tut nichts – überhaupt nichts. Sie setzt sich Jesus zu Füßen, hört ihm zu und lässt ihre Schwester rennen. Also da krieg ich die Wut, vor allem, weil Jesus auch noch sagt, Maria hätte den besseren Teil gewählt und der solle ihr nicht genommen werden. Aber Marthas Suppe hat er bestimmt gern gegessen!"

„Ich weiß gar nicht, warum du dich so aufregst", meinte Tante Lotte. „Warum ich mich so aufrege?" Maries Mutter starrte ihre Schwester ungläubig an. „Also, wenn ich mich so benähme wie Maria, hätte kein Mensch aus unserer Familie mehr etwas

Sauberes im Schrank, und zum Essen müssten wir zur Döner-Bude nebenan!"

„Du musst die Sache ganz anders sehen", sagte Tante Lotte. „Ich jedenfalls sehe das Ganze viel gelassener, seitdem ich mir klargemacht habe, dass ein Mann diese Geschichte aufgeschrieben hat." Sie leckte sich genüsslich einen Rest Rührei vom Finger und fuhr fort: „Männer wissen es einfach nicht besser, weil sie im Haushalt sowieso keinen Finger rühren."

„Wie bitte?" Papa fiel fast das Messer aus der Hand. „Also das scheint mir ja eine äußerst fragwürdige Auslegung der Geschichte zu sein." „Na ja", schränkte Tante Lotte ein. „Ausnahmen gibt's, aber über-

schlagen tust du dich bei der Hausarbeit auch nicht, oder?" Dabei schaute sie Papa kampfeslustig an.

Großvater fing an zu lachen und sagte: „Kinder, streitet euch nicht. Darum geht es doch gar nicht in der Geschichte." – „So?", Maries Mutter schaute ihren Vater herausfordernd an. „Worum denn?" – „Also, die Geschichte soll bestimmt kein Aufruf zum allgemeinen Faulenzertum sein. Ich denke, sie möchte uns einerseits sagen, dass wir das, was scheinbar so wichtig ist, auch einmal lassen können und uns Ruhe gönnen dürfen. Andererseits möchte sie wohl sagen,

wie wichtig es ist, zuzuhören, ganz aufmerksam, ohne sich durch irgendetwas ablenken zu lassen. So wie Maria sollen wir uns Zeit nehmen, zuzuhören, auch auf Gottes Wort zu hören, es in unserem Herzen zu bewegen und uns davon bewegen zu lassen."

„Wow!", meinte Tante Lotte. „Mensch, Väterchen, du hättest Pfarrer werden sollen."

Aber Mama schaute ihren Vater zweifelnd an und sagte: „Gottes Wort betrachten, sich davon bewegen lassen … na ja, ich finde, es hört sich etwas nach Klosterleben an. Und wer lebt schon im Kloster?"

„Also, ich würde sagen", meinte Tante Lotte und hob dabei ihr Weinglas, „die Moral von der Geschicht: Vergiss übers Arbeiten die Pausen nicht!"

*T*ante Lotte und Marie blätterten wieder einmal in dem Erinnerungsbuch. Da hielt Tante Lotte auf einmal inne und betrachtete die aufgeblätterte Seite genauer. Marie sah sie erstaunt an; denn Tante Lotte hatte plötzlich Tränen in den Augen, und mit ihrer Hand strich sie ganz zart über die Seite, als wollte sie sie streicheln. Dann sagte sie leise: „Das, Marie, das ist meine Geschichte. Unser Felix, der war damals so alt wie du heute, hatte sie dem Großvater erzählt."

DAS BROT, DAS TRÖSTET UND VERSÖHNT

Heute Abend hat Mama endlich wieder Klavier gespielt – sogar etwas Fröhliches, und sie hat dabei gesungen. Das hat sie seit dem Tod von Papa nicht mehr getan. Drei Wochen ist Papa schon tot. Es ist schlimm. Er fehlt uns so. Mama weint viel und Philipp, Jonas und ich auch. Oma und Großvater kommen jetzt öfter, auch ein paar von Mamas Freundinnen. Aber einige Leute sind ganz komisch geworden, besonders die Nachbarin im 3. Stock.

Bevor Papa starb, hat sie immer ganz fröhlich gegrüßt und ist öfter auf ein Schwätzchen gekommen. Aber jetzt geht sie uns aus dem Weg. Wenn sie uns zufällig trifft, grüßt sie ganz kurz und schaut schnell weg. Einmal hab ich genau gemerkt, wie sie oben schon die Tür aufmachte, um hinunterzugehen. Aber als sie uns im Flur hörte, hat sie ihre Tür schnell wieder zugemacht. Mama hat das sehr wehgetan.

Heute Nachmittag klingelte es auf einmal, und die Nachbarin stand vor der Tür. In den Händen hielt sie ein Brot, eingeschlagen in ein kariertes Geschirrtuch. Als

Mama die Tür öffnete, drückste sie so rum und wurde dabei ganz rot: „Ich wollte nur … ich möchte Ihnen nur sagen … also meine Familie meint, ich würde so ein gutes Brot backen, und da wollt ich Ihnen mal eins vorbeibringen." Sie wollte Mama das Brot schnell in die Hand drücken und wieder gehen. Aber Mama hat die Tür ganz weit geöffnet und gesagt: „Kommen Sie doch herein." Die Nachbarin legte das Brot auf den Küchentisch und schlug das Tuch auseinander. Die ganze Küche wurde erfüllt von dem Duft des frischen Brotes. Es war sogar noch ein bisschen warm. „Setzen Sie sich doch", sagte Mama. „Lassen Sie uns das Brot gemeinsam probieren." Sie stellte noch Teller und Butter und Honig auf den Tisch und legte Messer dazu. Dann schnitt sie das Brot an. Es hatte eine sehr knusprige Kruste. Innen war es ganz weich und locker. So ein gutes Brot hatte ich schon lange nicht mehr gegessen.

Das Essen tat gut. Mit jedem Bissen fiel den beiden das Reden leichter. Auf einmal legte die Nachbarin ihre Hand auf Mamas Arm und sagte: „Ich war so hilflos. Ich wusste nicht, wie ich Sie trösten sollte." Da legte Mama ihre Hand auf die Hand der Nachbarin und sagte: „Ich bin so froh, dass Sie da sind." Und dann haben sie erzählt, von Papa, wie schön er immer gepfiffen hat – niemand konnte so schön pfeifen wie Papa; wie er der Nachbarin einmal im Winter das Auto abgeschleppt hatte oder wie er als Erwachsener noch Fahrradfahren lernte, dort unten auf der Straße, und alle Nachbarn geklatscht hatten, als er's konnte … Sie erzählten und lachten sich dabei an. Dann weinte Mama ein bisschen, und die Nachbarin weinte auch. Aber das war gar nicht mehr so schlimm.

„Diese Geschichte hat mir meine Freundin Anna erzählt", sagte Marie zu ihrem Vater und zeigte auf eine Seite im Großvaterbuch. „Kennst du die Geschichte vom Turmbau zu Babel?" – „Klar", sagte ihr Vater. „Auch richtig?", hakte Marie nach. „Wie – richtig?", wollte er wissen. „Also, ich erzähl sie dir mal, so wie Anna sie erzählt hat. Hör gut zu …"

ANNA ERKLÄRT DIE BIBEL

Tobias war 12 Jahre alt und ging in die 7. Klasse. Seit zwei Jahren lernte er Englisch. Das heißt, er bemühte sich – mal mehr, aber meistens weniger. Englisch war einfach nicht sein Ding. Mathe war viel besser, Physik auch – aber Englisch? Diese verflixten Vokabeln blieben einfach nicht in seinem Kopf. Und am nächsten Tag stand ein Vokabeltest an. Grässlich. Den letzten Test hatte er schon verhauen. Diesmal musste es also was werden. Widerwillig schlug er sein Buch auf und starrte auf die Seite mit den Vokabeln. Er hatte überhaupt keine Lust.

Eigentlich könnte er erst mal schauen, ob Mama den Pflaumenkuchen schon aus dem Ofen geholt hatte. Es duftete bereits verheißungsvoll bis in sein Zimmer. Er stand auf und ging in die Küche.

Mama saß mit Anna, seiner kleinen Schwester, am Tisch und spielte Karten. Papa schlug gerade die Sahne steif.

„Na, Tobi?", fragte Mama und blickte zu ihm auf. „Schon Vokabeln gelernt?"

„Och ja, es geht", meinte er.

„Glaub ich nicht!", rief Anna. „Meistens schlägt er nur sein Buch auf, guckt einmal auf die Seite mit 'nem Gesicht wie 'ne Regenwolke und klappt's dann wieder zu!"

Tobias schaute sie wütend an. Manchmal fand er seine kleine Schwester einfach nur doof. „Aber du", versetzte er, „du mit deinem Babyenglisch! Das kann ja jeder."

Anna war in der dritten Klasse, lernte seit einem halben Jahr Englisch und war sehr stolz auf ihre ersten englischen Wörter.

„Das ist kein Babyenglisch!", rief sie nun entrüstet. „So reden auch ganz normale Leute!"

„Streitet euch nicht", sagte Papa, „jetzt gibt's erst mal frischen Pflaumenkuchen mit Schlagsahne."

Als sie am Tisch saßen und Tobias sein zweites Stück Kuchen verdrückt hatte, besserte sich seine Laune zusehends. „Warum gibt's eigentlich so viele Sprachen?", fragte er und langte nach dem dritten Stück. „Wär doch viel praktischer, wenn's nur eine gäbe, oder?"

„Kann ich dir genau erklären", verkündete Anna.

„Ach was?", fragte Papa erstaunt.

„Ja, haben wir neulich in Reli gehabt! Also, vor ewig langer Zeit gab es einmal eine Stadt. Die war wunderschön. Die Menschen in der Stadt machten sie immer schöner, bauten die tollsten Häuser mit allem Komfort und so. Nur für Gott bauten sie kein Haus. Den vergaßen sie einfach. Und dann bauten sie einen Turm."

„Babel", warf Tobias kauend ein. „Die Stadt hieß Babel. Den Turmbau zu Babel kennt doch jeder."

„Genau das war's", fuhr Anna unbeirrt fort. „In Babel bauten die Leute einen Turm, bis zum Himmel hoch. So groß wie Gott wollten sie sein und noch größer. Gott brauchten sie nicht mehr. Aber Gott merkte das natürlich und sagte: ‚Das geht zu weit! Eine Menschheit ohne Gott? Eine gottlose Erde? Das wäre ja furchtbar!'"

„Und dann hat er ihren schönen Turm kaputt gemacht, oder?", fragte Papa.

„Mensch, Papa! Du hast überhaupt keine Ahnung!", rief Anna. „Der Turm blieb natürlich stehen. Gott hat das Problem anders gelöst, und zwar total genial: Er verwirrte die Sprache der Menschen. Keiner konnte den anderen mehr verstehen. Alle sprachen eine andere Sprache."

„Tja, dumm gelaufen, was?", meinte Tobias. Aber Papa achtete nicht auf ihn, sondern fragte ganz interessiert: „Und dann? Was geschah dann?"

„Ist doch wohl klar", sagte Anna. „Wenn man sich nicht mehr versteht, kann man nichts mehr zusammen bauen und schaffen. Wenn der eine sagt: ‚Bring mir den Hammer', und der andere bringt ihm 'nen Eimer, das bringt's doch nicht, oder? Jedenfalls verließen die Leute die Baustelle und zersteuten sich über die ganze Welt. Und darum reden die Chinesen chinesisch, die Ägypter ägyptisch, die Deutschen deutsch und die Engländer englisch", schloss Anna triumphierend.

„Das hat euch eure Lehrerin gesagt?", fragte Mama zweifelnd.

„Na ja, nicht direkt. Sie sagte uns, das Wichtigste in der Geschichte ist, dass Gott der Schöpfer ist und bleibt und dass der Mensch sich nicht an seinen Platz setzen und selber Schöpfer spielen darf. Aber das ist ja sowieso klar, oder? Also für mich war das mit den Sprachen das Allerwichtigste."

„Anna, du hast 'nen Knall", sagte Tobias. „Dass so die verschiedenen Sprachen entstanden sind, ist vielleicht eine nette Geschichte, aber ansonsten totaler Blödsinn. Doch die andere Sache, dass der Mensch nicht Schöpfer spielen und Gott ins Handwerk pfuschen darf, die hat was. Die ist gut. Bist doch nicht so blöd, Schwesterchen."

„Siehste", sagte Anna. „Und deine Vokabeln musst du jetzt trotzdem lernen; denn bis morgen tut Gott kein Wunder und gibt den Menschen ihre gemeinsame Sprache wieder!"

„Stell dir mal vor, es gäbe kein Licht", sagte Marie einmal zu ihrer Mutter. „Das wäre furchtbar. Dunkelheit kann so Angst machen. Man fühlt sich so verloren, so schrecklich allein in der Finsternis. Weißt du noch, Mama, wie ich diesen schlimmen Traum hatte?" „Ja, daran erinnere ich mich noch gut", meinte ihre Mutter und legte ihren Arm um ihre kleine Tochter.

LICHT!

Wie so oft hatte sich Marie nach der Schule mit einigen Kindern aus ihrer Klasse verabredet, um im Wäldchen hinter ihrem Haus Räuber und Gendarm zu spielen.

Es machte einen Riesenspaß, durch die dicke Blätterschicht zu toben und dabei den Gegner mit Händen voller Blätter zu bewerfen. Eine dicke Buche war zum „Gefängnis" erklärt worden, während die „Räuberhöhle" sich hinter dem hoch aufragenden Wurzelballen eines umgestürzten Baumes befand. Wenn sich die Räuber – dazu gehörte Marie – dahinter retten konnten, hatten sie gewonnen.

Nele gab das Startsignal: Sie pfiff einmal gellend auf zwei Fingern. Die Räuber rannten los und stoben in alle Richtungen auseinander, um auf verschiedensten Wegen in ihre Höhle zu gelangen. Kurz darauf pfiff Nele ein zweites Mal. Jetzt stürmten mit lautem Gebrüll die Gendarmen los, um die Räuber einzuholen und gefangen zu setzen.

Marie rannte, so schnell sie konnte, hörte aber schon bald hinter sich einen Gendarmen herankeuchen. Sie schlug einen Haken und sah aus den Augenwinkeln, dass ihre Freundin Anna schon gefangen war und gerade ins Gefängnis geworfen wurde. Rasch änderte sie ihre Richtung und lief zum Gefängnis, um Anna freizuschlagen. Alex, der Gendarm, war ihr hart auf den Fersen. Aber Marie schaffte es. Sie schlug Anna frei, und zusammen liefen sie zur Räuberhöhle. Sie wanden sich durch Brombeerranken, sprangen über quer liegende Äste, bogen Zweige zur Seite und ließen sie den Verfolgern ins Gesicht schnellen.

Alex ließ sich nicht abwimmeln. Max und Rabea, zwei weitere Gendarmen, jagten mit ihm hinter Anna und Marie her. Die Höhle war zum Greifen nah. Anna machte

einen Riesensatz über einen dicken Baum-
stumpf und war in Sicherheit. Marie wollte
hinter ihr her, verfing sich aber mit einem
Fuß in einer Brombeerranke und stürzte.
Sofort war Max über ihr, packte sie, rief triumphierend: „Gefangen!", und schleppte
sie ins Gefängnis.

Sie spielten bis zum Einbruch der Dunkelheit und verabredeten sich gleich wieder
für den nächsten Tag.

Ja, eigentlich war es ein ganz norma-
ler, glücklicher Tag gewesen. Nach dem
Abendessen spielte Marie noch eine Partie
Domino mit ihrem Vater und ging dann zu
Bett. Sie las noch ein bisschen, wie sie es an
jedem Abend machte. Als sie merkte, dass
ihr die Augen zufielen, löschte sie das
Licht, kuschelte sich in ihre Decke und
schlief schnell ein.

Doch im Traum ging das Spiel vom Nachmittag weiter. Wieder war sie ein Räuber,
der von den Gendarmen durch den Wald

verfolgt wurde. Deutlich sah sie Alex, Max und Rabea, wie sie hinter ihr her durch die stiebenden Blätter liefen. Auch Anna sah sie. Ganz schnell und leichtfüßig rannte sie vor ihr her, so schnell, dass Marie kaum folgen konnte. „Anna, warte!", wollte sie rufen. Aber sie konnte keinen Laut hervorbringen, so sehr sie sich auch anstrengte. Anna lief immer schneller und blickte nicht zurück.

Hinter sich hörte sie die Schritte und das Keuchen ihrer Verfolger. Als sie über die Schulter zurückblickte, sah sie voll Entsetzen, dass nicht Alex, Rabea und Max hinter ihr her waren, sondern drei große graue Wölfe mit gelben Augen. Sie hörte ihr böses Knurren und sah, dass die Wölfe in weiten Sätzen hinter ihr herjagten. So nah waren sie, dass Marie ihre großen, spitzen Zähne sehen konnte. So hatten auch die Wölfe ausgesehen, die sie in der letzten Woche im Zoo gesehen hatte.

Marie wollte um Hilfe rufen, doch kein Laut kam aus ihrer Kehle. Sie wollte schneller laufen, doch ihre Beine gehorchten ihr nicht mehr. Wie gelähmt blieb sie stehen und konnte sich nicht von der Stelle rühren. Jetzt waren die Wölfe da, kreisten sie ein, zogen ihre Kreise immer enger, bis einer vorsprang. Er biss Marie in den Knöchel, und sie stürzte. Sie fiel in einen bodenlosen, schwarzen Abgrund.

Von ihrem eigenen Schrei wachte sie auf, konnte aber kaum entscheiden, ob sie noch träumte oder wach war. Ihr Herz klopfte rasend schnell. Sie war schweißgebadet. Um sie herum nur schwarze Dunkelheit. Panik überfiel sie, und sie suchte fieberhaft nach dem Lichtschalter, fand ihn aber nicht.

Sie versuchte, aus dem Bett zu steigen, fand aber die offene Seite des Bettes nicht. Wild vor Angst warf sie sich herum und tastete nach allen Seiten die Wände ab. Nirgendwo ein Ausgang.

Da öffnete sich auf einmal ihre Zimmertür. Eine schmale Lichtbahn fiel herein, und Mama war da. Sie knipste die Nachttischlampe an, setzte sich auf die Bettkante und nahm Marie in die Arme. Sie wiegte sie sanft hin und her und sprach beruhigend auf sie ein: „Es war nur ein Traum, mein Schatz, nur ein böser Traum." In dem warmen, tröstlichen Licht der Nachttischlampe verschwanden die Traumgespenster.

Verwirrt schaute Marie um sich. Natürlich hatte ihr Bett eine offene Seite. Wie hatte sie die nur nicht finden können? „Mama, es war so schrecklich", flüsterte sie, noch ganz benommen von dem Traum. „Der Wolf, er hat mich gebissen." Sie schaute auf ihren Knöchel. Doch da war kein Biss, natürlich nicht, nur der rote Striemen von der Brom-beerranke vom Nachmittag. „Es ist alles wieder gut", murmelte Mama und strich ihr die Haare aus der schweißnassen Stirn. Langsam beruhigte Marie sich.

„Wie gut, dass du da bist, Mama", sagte sie. „Ich hatte solche Angst. Und es war so entsetzlich dunkel. Bis jetzt wusste ich gar nicht, wie wunderbar ein Licht ist." –

„Aber, Kind", fragte Mama, „warum hast du denn dein Licht nicht angemacht?" –

„Ich hab's einfach nicht gefunden", sagte Marie kläglich und setzte dann hinzu: „Manchmal, wenn man selbst nicht mehr kann, braucht man, glaub ich, jemand an-ders, der einem ein Licht anzündet."

Damit schlief Marie wieder ein, tief und traumlos; und das Licht blieb brennen, die ganze, dunkle Nacht hindurch.

„*E*rinnerst du dich noch an Timmi?", fragte Marie. – „Ja, sehr gut sogar", antwortete ihre Mutter. „Als ihr euch aneinander gewöhnt hattet, hat er sich in eurer Gruppe sehr wohl gefühlt, trotz mancher Schwierigkeiten. Ich weiß gar nicht mehr genau, was er damals zu dem Pastor gesagt hat. Weißt du es noch, Marie?" – „Klar, ich erzähl dir noch einmal die ganze Geschichte ..."

EHRLICH?

Marie kam von ihrer ersten Kommunion-gruppenstunde zurück. „Na, mein Schatz, wie war's?", fragte Mama. – „Super!", antwortete Marie, folgte ihrer Mutter ins Wohnzimmer und ließ sich neben ihr ins Sofa plumpsen. „Die anderen Kinder sind alle voll nett. Die meisten kenne ich ja schon aus der Schule. Herr Brinkmann und Frau Schneider, die unsere Gruppe leiten, sind auch schwer in Ordnung. Bloß einer ist dabei, der ist ganz komisch." – „Wie – komisch?", fragte Mama nach. – „Na ja, der sieht komisch aus. Der hat so komische Augen." Als Mama sie fragend ansah, erklärte Marie weiter: „Also, die stehen so schräg, und die Oberlider sind ein bisschen dicker, ein bisschen wie die Schlitzaugen von den Chinesen. Dann hat er den Mund immer aufstehen und redet so komisch, so undeutlich, als ob er seine Zunge nicht schnell genug bewegen könnte. Und überhaupt ist er so etwas von ungeschickt und schwerfällig – total nervig." – „Wieso nervig?", fragte Mama. „Also, wir haben zusammen ein Dorf gebaut aus bunten Tüchern, Holzklötzchen, Steinen und Stöckchen. Jeder hat sein Haus gestaltet und hat etwas dazu erzählt, wie er wohnt, wer noch mit im Haus lebt und so. Dann haben wir Wege zwischen den Häusern gebaut. Das sah ganz toll aus. Und dann ist der mitten reingelatscht und hat dabei viel kaputt gemacht. Ich fand das ganz blöd. Der ist nämlich in mein Haus getreten."

„Hmm", Mama schaute Marie nachdenklich an. „Wie heißt ‚der' denn?"

„Timmi", antwortete Marie, „Timmi Hagedorn." – „Ach", sagte Mama da, „den Tim kenne ich und seine Mutter auch. Du und Timmi, ihr seid beide am selben Tag im selben Krankenhaus geboren worden. Wir Mütter waren zusammen auf einem Zimmer. Ich weiß noch genau, wie glücklich und gleichzeitig traurig Tims Eltern waren; denn sie wussten, dass ihr Tim es immer schwer haben würde im Leben, viel schwerer als seine Geschwister oder als du."

„Wieso?", wollte Marie wissen.

„Tim ist mit einer Behinderung geboren. Er hat das Down-Syndrom. Diese Kinder sehen ein bisschen anders aus. Sie lernen nicht so schnell, können auch oft nicht so gut sprechen, weil ihre Zunge ein bisschen dicker ist. Sie sind tapsig und ungeschickt. Aber meist sind sie ganz lieb und sehr zärtlich."

„Das wusste ich nicht", sagte Marie betroffen. „Wir haben nur gemerkt, dass mit dem Timmi etwas anders ist."

Von nun an kümmerte Marie sich um Tim und erklärte auch den anderen, warum er so anders war. Danach schauten die Kinder Tim mit anderen Augen an und sahen ihm vieles nach.

Marie allerdings wurde Timmis erklärte Freundin. Er wollte nur noch neben ihr sitzen, neben niemandem sonst. Er streichelte ihr oft über den Arm oder gab ihr ein Küsschen. Dabei strahlte er und sagte: „Du bist lieb, Marie." Marie war Timmis Zärtlichkeit ein bisschen peinlich, vor allem vor den anderen. Aber tief in ihr drin tat es ihr gut.

Während einer Gruppenstunde dann geschah etwas, das alle nachdenklich machte. Sie sprachen über die Zachäusgeschichte und spielten sie mit Playmobilpüppchen nach. Sie hatten gerade die Szene aufgebaut, in der alle Leute um Jesus stehen und ihm zuhören. Aber Zachäus, der kleingewachsene Zöllner, steht dahinter und kann nichts sehen. Wie eine Wand stehen die Leute zwischen ihm und Jesus.

Da zeigte Timmi auf einmal auf das Zachäuspüppchen und sagte in seiner langsamen, etwas mühsamen Sprache: „Das bin ich." – „Quatsch!", fuhr ihn einer aus der Gruppe an. „Das ist Zachäus." In seinem Ton schwang ein „Du kapierst auch gar nichts" mit.

„Nein", widersprach Timmi. „Das bin ich. Ich bin auch draußen – wie Zachäus."

Ein betretenes und ein bisschen schuldbewusstes Schweigen trat ein. Marie rettete die Situation, indem sie sagte: „Aber guck mal, Timmi, wie die Geschichte weitergeht." Sie baute mit den Püppchen eine neue Szene auf. „Schau mal: Da sitzt der Zachäus mit Jesus bei sich zu Hause und lacht, und die andern stehen draußen."

Da lachte auch Timmi, klatschte in die Hände und rief: „Das ist gut." Und dann umarmte er Marie.

In dieser Stunde verstanden auch die anderen, dass Timmi überhaupt nicht blöd war und manchmal mehr kapierte als sie.

Der große Tag der Erstkommunion nahte. Marie war ganz aufgeregt. Es war ein sehr fröhlicher Gottesdienst. Der Kinderchor sang, und Timmi wiegte sich im Takt der Musik, lachte und klatschte in die Hände.

Dann kamen die Erstkommunionkinder mit ihren Eltern nach vorn, um die Kommunion zu empfangen. Timmi stand natürlich neben Marie.

Pastor Schneider teilte die Kommunion aus. Als er vor Marie stand, nahm er eine Hostie aus der Schale, hob sie ein wenig hoch und sagte: „Der Leib Christi." Marie hielt ihre Hände wie eine Schale vor sich, so wie sie es in der Gruppenstunde gelernt hatten, und sagte: „Amen." Der Pastor legte die Hostie in ihre Hand, und sie aß.

Dann war Timmi dran. Der Pastor lächelte ihn an und sagte: „Schön, dass du da bist, Timmi." Dann nahm er eine Hostie aus der Schale, hob sie ein wenig hoch und sagte: „Der Leib Christi."

Aber Timmi streckte seine Hände nicht nach vorn. Er trat ganz nah an Pastor Schneider heran, legte ihm eine Hand auf den Arm und fragte ganz ernst und eindringlich: „Ehrlich, Pastor?"

Marie sah, wie Pastor Schneider einen Moment überrascht stutzte. Dann lächelte er, ein ganz warmes, zärtliches Lächeln, und sagte: „Ehrlich, Timmi."

Da streckte Timmi strahlend seine Hände vor und empfing das heilige Brot. Als er auf seinen Platz zurückging, stieß er einen hellen Jubelschrei aus. Bis zum Ende der Messe konnte er kaum mehr ruhig in der Bank bleiben. Draußen vor der Kirche, als die Familien noch in Grüppchen zusammenstanden, lief Timmi von Gruppe zu Gruppe, schüttelte den verblüfften Leuten die Hände und rief immer wieder: „Ehrlich, er hat ehrlich gesagt!"

Dann breitete er die Arme weit aus und begann, sich um sich selbst zu drehen, das Gesicht nach oben gewandt, und rief: „Er ist bei mir. Er ist in mir drin, der Jesus, wie bei Zachäus!" Dabei drehte er sich um sich selbst, selig vor Glück, bis er anfing zu taumeln und sein Vater ihn auffing.

Einige der Leute waren verwundert, andere belustigt, einige schüttelten missbilligend den Kopf. Aber Maries Vater sagte: „So stelle ich mir die Jünger zu Pfingsten vor, so begeistert, so selig, so berauscht vor Glück. Der Timmi, der hat mehr kapiert als wir alle zusammen."

„Ich habe Oma eigentlich nie richtig kennenge-
lernt", sagte Marie einmal zu ihrer Mutter.
„Großvater hat allerdings oft von ihr erzählt.
Diese Geschichte hier zum Beispiel. Deine
Mutter muss 'ne ganz schön mutige Frau ge-
wesen sein."

UNSRE OMA IST
'NE GANZ PATENTE FRAU

„Du, Großvater", fragte Marie einmal.
„Wie war eigentlich Oma?"
Großvater füllte gerade das letzte Glas mit
heißer, frisch gekochter Erdbeermarmelade, schraubte es fest zu und stellte es zu
den anderen auf den Küchentisch. Zufrie-
den schaute er auf eine stattliche Reihe
Gläser mit Erdbeermarmelade.
„Das zum Beispiel", sagte er, „das hat Oma
auch gern getan: Marmelade kochen. Überhaupt war sie eine fantastische Köchin und
hatte gern das Haus voll Gäste. Eure Oma
war eine ganz lustige. Mit ihr gab's immer
was zu lachen. Allerdings wenn sich jemand rücksichtslos oder gemein benahm,
sich auf Kosten eines anderen amüsierte
oder mutwillig etwas zerstörte, dann war
Schluss mit lustig. Du liebes bisschen, da
konnte eure Oma zur Furie werden. Bange

machen ließ sie sich nicht, von niemandem. Wenn ich da an den Jungen denke, dem sie den Marsch geblasen hat …"

„Welcher Junge, Großvater? Komm, erzähl", bettelte Marie und zog ihren Großvater hinüber zum Sofa. Er ließ sich mit einem tiefen, behaglichen Seufzer darauf nieder. Marie setzte sich neben ihn und schaute ihn erwartungsvoll an. „Jetzt erzähl!"

„Also", fing Großvater an, „eure Oma liebte Ausflüge. Mindestens einmal im Monat unternahm sie mit ihren Freundinnen eine Bustour. Eines Tages waren sie wieder zu so einer Tour gestartet, nach Köln glaube ich, aber das ist ja auch egal. Jedenfalls waren sie durch die Stadt gebummelt, hatten gemütlich Kaffee getrunken und machten sich so langsam auf den Rückweg zum Bus. Der Weg führte sie über den großen Platz am Dom vorbei. Auf den Stufen vor der Kirche hockte eine Gruppe Jugendlicher – so ganz coole. Die rauchten, schmissen ihre Kippen durch die Gegend, spuckten betont lässig auf den Boden und tranken Cola und Bier.

Gerade als Oma und die anderen Frauen sich näherten, standen sie auf und zogen weiter, mit wiegenden Schritten, sich anrempelnd und grölend. Einer hatte sein Bier ausgetrunken und warf die Flasche in hohem Bogen weg. Sie zersprang in viele große und kleine messerscharfe spitze Scherben. Das sah Oma. Und sie sah rot. So etwas konnte sie überhaupt nicht haben. Laut rief sie hinter dem Jugendlichen her: ‚Junger Mann! Sie da in dem schwarzen Schlabberpullover! Sie haben da was verloren!‘

Ein paar Jugendliche drehten sich um, auch der in dem ‚schwarzen Schlabberpullover'. ‚Is' was, Alte?', fragte der in schnoddrigem Ton. Oma ließ sich nicht beeindrucken. ‚Sie haben die Flasche da weggeworfen!' – ‚Was dagegen?' Einige der Jugendlichen stießen sich grinsend in die Seiten und spuckten auf den Boden. Oma fing jetzt langsam an zu kochen. ‚Oh ja! Sehen Sie eigentlich, wie viele Kinder hier auf dem Platz spielen? Die können sich verletzen an den Scherben. Und überhaupt: Man wirft seinen Müll nicht einfach in die Gegend. Da vorn steht ein Mülleimer!'

‚Keep cool, Alte. Geh doch zurück ins Altersheim', kam es da zurück. ‚Alte Pissnelke!', rief der in dem schwarzen Schlabberpullover. ‚Heb doch die Scherben selber auf, wenn sie dich so stören.'

Jetzt wurde Oma richtig wütend. Sie baute sich in ihrer ganzen Größe – immerhin ganze 1,58 m – vor dem Jugendlichen auf, der sie um mehr als einen Kopf überragte, und blickte ihm pfeilgerade in die Augen. ‚Alte Pissnelke? Ich höre wohl nicht richtig. Sie pubertierender Rotzlümmel! So leicht kommen Sie mir nicht davon. Auf der Stelle heben Sie die Scherben auf!'

Die anderen Jugendlichen hatten sich zurückgezogen und beobachteten das Geschehen aus einiger Entfernung. Die Alte schien ja eine ziemlich taffe Frau zu sein. Omas Freundinnen standen um den Übeltäter herum und zogen den Kreis immer enger. Da stand er nun, umzingelt von zehn gepflegten älteren Damen. Die Situation war verfahren. Wenn er sich jetzt bückte, um die Scherben aufzuheben, wäre das gar nicht mehr cool. Die anderen würden über ihn lachen. Davonlaufen ging auch nicht. Dafür hätte er eine der alten Damen beiseitestoßen müssen – so einer war er nicht. Unschlüssig trat er von einem Bein aufs andere und sah zu seinen Kumpeln.

Da sagte auf einmal eine der alten Damen:
‚Wissen Sie was, junger Mann, ich helfe
Ihnen. Hedwig, halt mal meine Tasche.'
Damit drückte sie ihrer Freundin die Tasche in die Hand und bückte sich nach den
Scherben. Eine zweite alte Dame bückte
sich, dann eine dritte. Da bückten sich auch
der junge Mann und Oma. Gemeinsam
sammelten sie die Scherben ein. Es waren
sehr viele Scherben, und sie waren weit ge-
flogen. Ein paar Jugendliche kamen langsam herübergeschlendert und fingen an,
die Scherben aufzuheben. Sie warfen sie in
den Mülleimer, der ein paar Meter weiter

stand. Einer schnitt sich dabei an einer Scherbe. ‚Scheiße', murmelte der und suchte in seiner Tasche nach einem Taschentuch. ‚Kein Problem, mein Junge', meinte da eine der alten Damen. ‚Das haben wir gleich.' Sie zog aus ihrer Tasche ein Pflaster hervor und verarztete den Jungen.

Als alle Scherben eingesammelt waren, stand ‚der im schwarzen Schlabberpullover' ein wenig kleinlaut vor Oma.

‚Den pubertierenden Rotzlümmel nehme ich zurück', sagte Oma und streckte dem Jungen die Hand hin. Der schlug ein und sagte: ‚Und ich die alte Pissnelke.' Man konnte hören, dass ihm ‚die alte Pissnelke' nicht mehr so locker von der Zunge ging.

So war das", schloss Großvater. „Ich wette, der Junge hat sich geschworen, nie mehr eine Bierflasche wegzuwerfen oder zumindest vorher zu schauen, ob nicht ein Rudel unerschrockener alter Damen in der Nähe war."

„Ostern bei Großvater war immer schön", sagte Marie versonnen. – „Ja, für Großvater war es das schönste Fest des Jahres, noch schöner als Weihnachten", sagte Maries Mutter. „Das Eiersuchen war immer das Beste", erinnerte sich Marie. „Weißt du noch, wie Großvater einmal 80 Eier gefärbt und versteckt hat?"

DAS OSTERTIER

Jedes Jahr, am Karfreitagabend, färbte Großvater Unmengen von Eiern, die er dann am Ostermorgen in aller Herrgottsfrühe versteckte. Damit er seine eigenen Verstecke auch wiederfand, hatte er sich eine geniale Methode ausgedacht. Die Nachbarin amüsierte sich immer königlich, wenn sie Großvater mit dem Riesenkorb voll bunter Eier und einem Diktiergerät durch den Garten stapfen sah. Jedes Versteck benannte Großvater gewissenhaft auf dem Diktiergerät. Trotzdem fanden sie nie alle Eier. Mindestens eins blieb in jedem Jahr unauffindbar.

Vor Ostern gab es also immer viel zu tun für Großvater – nicht nur das Eierfärben. In der Woche vorher hatte er kaum eine freie Minute. Aber er fand es herrlich. Er holte die Gartenmöbel aus dem Keller, wischte sie sorgfältig ab und stellte sie auf die Terrasse. „Vielleicht wird's ja schön. Vielleicht können wir ja draußen sitzen, Kuchen essen und uns die Sonne auf den Pelz brennen lassen", meinte er, selbst wenn es noch rattenkalt war und in Strömen regnete.

Er kochte und backte, kaufte ein und arbeitete in seinem geliebten Garten, um ihn für das große Fest herauszuputzen. Jetzt, im Frühjahr, war viel zu tun. Marie half ihm oft dabei. Dabei hatte sie am meisten Freude daran, ihren Großvater zu beobachten, wie er glücklich durch den Garten lief, hackte und grub, vorgezogene Pflänzchen einpflanzte, den Winterschutz von den empfindlichen Pflanzen entfernte und immer wieder innehielt, um sich zu freuen und zu staunen. „Marie, schau mal!", rief er. „Hier, der Phlox ist wieder da, und dort kommen die ersten Spitzen der Myrthenaster hervor. Oh, und dort, die ersten Triebe der Duftrose. Ich war schon bange, dass sie in diesem Winter erfroren wäre."

Am liebsten würde Großvater all seine Blumen nach dem langen Winter mit Handschlag begrüßen, dachte Marie.

„Mariechen", sagte Großvater oft. „Der Frühling ist für mich die schönste Jahreszeit. Er ist für mich so etwas wie Dünger." – „Dünger?" Marie sah ihren Großvater fragend an. Manchmal hatte er schon seltsame Ideen. Er war doch keine Blume!

„Nun ja", Großvater wurde ein bisschen verlegen. „Dünger für meinen Glauben sozusagen. Das, was ich jetzt in der Natur erlebe, lässt meine Hoffnung auf Auferstehung wieder ein bisschen wachsen. Verstehst du, was ich meine?" Ja, das verstand Marie gut. „Im Winter scheint alles tot und abgestorben", fuhr Großvater fort. „Aber jetzt kommt das Leben mit Macht zurück. Überall wächst und keimt es. Guck mal, sogar im Teich wimmelt es von neuem Leben."

Marie legte sich bäuchlings auf den Holzsteg am Teich und schaute ins Wasser. Zuerst sah sie nur die Kiesel auf dem Teichgrund, ein paar Algen und Teichpflanzen. Aber dann rief sie: „Mensch, Großvater, da sind ja jede Menge kleine Fische. Die sehen aber witzig aus. Die haben ja Beine und Füße!" – „Das sind keine Fische, Marie. Das sind Kaulquappen. Das werden in einigen Wochen Frösche sein. Sie werden ihre Kiemen verlieren, ihren Fischschwanz, und dann hüpfen sie an Land." – „Oh", meinte Marie und beobachtete die kleinen Kaulquappen. „Dann hat ein Frosch sozusagen zwei Leben!" – „Ganz genau", bestätigte Großvater.

Am Ostermorgen trudelte die ganze Familie bei Großvater ein: Tante Lotte mit ihren drei Söhnen Felix, Philipp und Jonas, Maries Eltern und Lukas. Vor dem ausgedehnten, späten Frühstück ging es ans Eiersuchen. Das war für alle ein Riesenspaß, sogar für die drei großen Jungs. Als sie sich danach zum Frühstück an den Tisch setzen wollten, erlebten sie eine Überraschung: Zwischen Brötchen, Butter, Aufschnitt, Käse und Marmelade hockten viele kleine, grasgrüne Papierfrösche.

„Hej, krasse Deko!", bemerkte Felix. – „Hab ich alle gefaltet!", verkündete Marie stolz. „Sieht doch super aus, oder?" – „Doch, echt super", sagte Felix anerkennend. „Nur ein bisschen ungewöhnlich. Hattest du die Faltanleitung für Hasen nicht finden können?" – „Hasen oder Hühner hat ja jeder", antwortete Marie. „Aber der Frosch, der ist auch ein Ostertier." – „Ach ja?", fragte Papa erstaunt.

„Tja, das haste nicht gewusst, was?", sagte Marie. „Der Frosch hat nämlich zwei Leben, eins als Kaulquappe und eins als Frosch. Darum ist er so eine Art Symbol für die Auferstehung geworden – sagt Großvater." – „Stimmt!", rief Jonas. „Neulich waren wir mit unserem Kunstkurs im Museum und mussten uns ein paar stinklangweilige alte Bilder anschauen. Auf einem Bild mit der Kreuzigung Jesu hockte im Gras unter dem Kreuz ganz versteckt ein kleiner Frosch – sozusagen als Ankündigung der Auferstehung." – „Siehste!", triumphierte Marie. „Der Frosch ist also doch ein Ostertier."

„Ja, mein Kind, ich sag es dir", reimte Jonas, „der Frosch, der ist ein Ostertier; denn von neuem Leben erzählt er dir. Quak, quak, quak."

Marie blätterte mal wieder in ihrem *Buch.*
„*Schau mal, Papa. Das ist eine Geschichte, die
Großvater mir vom Krieg erzählt hat.*"

DAS NAGELKREUZ

Marie war mal wieder übers Wochenende zu Großvater gefahren. Am Abend kam noch Tante Lotte vorbei. Sie aßen zusammen und erzählten sich das Neueste. Dann setzte sich Tante Lotte an das Klavier in Großvaters Arbeitszimmer, um ein bisschen zu spielen, während Großvater und Marie es sich im Wohnzimmer gemütlich machten. Wie so oft saßen sie zusammen in dem großen Ohrensessel, lauschten der Musik, die durch die offene Tür klang, und sahen zu, wie es vor den großen Fenstertüren immer dunkler wurde und die Nacht kam. Herr Schmitt lag neben ihnen und schnarchte. Ab und zu zuckten seine Pfoten im Schlaf, so als ob er davon träumte, hinter einem Kaninchen herzujagen.

Es war schön, so friedlich aneinandergekuschelt zu sitzen und zu hören, wie die Klänge der Musik das ganze Haus erfüllten.

„Was für eine wunderschöne Musik", sagte Marie. – „Ja", meinte Großvater seltsam ernst, „eine wunderschöne Musik. Weißt du, Marie, wie das Stück heißt, das Tante Lotte gerade spielt?" – „Nein", antwortete Marie und schaute ihn fragend an. – „Es ist die Mondscheinsonate von Ludwig van Beethoven", erklärte Großvater, „eines der schönsten und anrührendsten Musikstücke, die ich kenne. Und es war gerade dieses Stück oder vielmehr sein Name, den die Deutschen im 2. Weltkrieg entsetzlich missbrauchten und statt Schönheit Zerstörung brachten."

„Erzähl mir davon", bat Marie, obwohl sie wusste, dass es keine der träumerisch-besinnlichen, fröhlichen oder witzigen Geschichten war, die Großvater sonst erzählte und die sie so liebte. „Ach, mein Engelkind", sagte Großvater und streichelte ihr zärtlich über die Wange. Er seufzte tief und sagte dann: „Es ist so lange her und doch wieder nicht … die Geschichte der Mondscheinsonate, oder vielmehr das Codewort ‚Mondscheinsonate'. – „Was heißt ‚Codewort'?", fragte Marie. – „,Codewort' ist eine Art Geheimwort, ein Schlüsselwort. ‚Mondscheinsonate' war das Codewort der deutschen Wehrmacht im 2. Weltkrieg für die Bombardierung und die totale Zerstörung der herrlichen alten englischen Stadt Coventry.

Es geschah in der Nacht vom 14. auf den 15. November 1940. Der Mond schien tatsächlich, und es war bitterkalt, als die deutschen Bomberpiloten die Stadt Coventry anflogen. Elf Stunden dauerte die Bombardierung. Eine einzige Nacht, in der Coventry völlig zerstört wurde. Viele Hundert Menschen wurden getötet, noch mehr verletzt. Tausende Menschen wurden obdachlos und verloren alles, was sie besaßen. Das, was Menschen durch Jahrhunderte hindurch geschaffen und gebaut hatten, wurde innerhalb weniger Stunden vernichtet.

Auch die große, mehr als 500 Jahre alte St.-Michael-Kathedrale wurde von mehreren Brandbomben getroffen. Die Männer von der Brandwache versuchten zwar, die Brände mit Sand und Wasser zu löschen, aber es war vergeblich. Die Macht des Feuers war zu gewaltig. Die berühmte Holzdecke brannte lichterloh und stürzte ein. Am nächsten Morgen ragten nur noch die vom Feuer geschwärzten Umfassungsmauern empor. Im Innern der Kathedrale war ein riesiger Berg von rauchenden Trümmern

und verbrannten und verkohlten Holz-
balken.

Der Domprobst wagte sich mit einigen
anderen Priestern in die noch schwelende
Ruine. Erschüttert standen sie an dem Ort,
an dem sie noch vor einem Tag Gottesdienst gefeiert hatten.

Da trat der Domprobst auf einen der
Schutthaufen zu und zog einen der großen,
handgeschmiedeten Nägel heraus, die die
dicken, uralten Deckenbalken über Jahrhunderte zusammengehalten hatten. Er
räumte ein paar Steine beiseite und zog
noch zwei große Nägel aus dem Schutt.

Die fügte er zu einem Kreuz zusammen und sagte: ‚Die Zerstörung unserer Stadt und unserer Kathedrale ist unser großes Kreuz und Leid. Aber so wie für Jesus das Kreuz, der Tod am Kreuz, nicht das Ende war, wird es auch für uns einen Neuanfang geben. Aus den Trümmern kann Neues entstehen. Dies Nagelkreuz soll ein Zeichen der Hoffnung und der Versöhnung sein.'"

Großvater schwieg. Marie schluckte und fragte dann zaghaft: „Und – ist die Geschichte damit zu Ende?" – „Nein", sagte Großvater, „nein, noch lange nicht – Gott sei Dank. Aber ich möchte sie morgen weitererzählen."

Marie wusste, dass kein Bitten und kein Betteln ihren Großvater dazu bringen würde, jetzt die Geschichte weiterzuerzählen. So lauschten sie der Musik. Die letzten Takte der Mondscheinsonate verklangen, und Marie dachte an das, was Großvater erzählt hatte. Sie versuchte, sich vorzustellen, wie dieses Kreuz wohl ausgesehen hatte. Die dicken Nägel aus Papas Werkzeugkasten kannte sie. Aus denen könnte man bestimmt ein Kreuz machen. So ähnlich muss dieses Nagelkreuz ausgesehen haben, dachte sie.

Tante Lotte spielte jetzt etwas anderes. Das kannte Marie gut. Es war ein Walzer von Chopin. Mama spielte ihn manchmal. Die sanften und vertrauten Klänge des Walzers lösten den Ernst und die Spannung der Geschichte, und Marie konnte gut schlafen.

Am nächsten Morgen, nach dem Frühstück, sagte Großvater: „Komm, Marie. Zieh dir deine Jacke an. Ich möchte dir etwas zeigen."

Neugierig geworden zog Marie ihre dicke Jacke und ihre Schuhe an, und gemeinsam gingen sie aus dem Haus. Marie schob ihre kleine Hand in die große, warme und schwielige Hand ihres Großvaters. So gingen sie eine ganze Weile, bis sie zu einer Kirche kamen. Marie kannte sie nur vom Vorbeigehen. In der Kirche war sie noch nie gewesen.

Jetzt öffnete Großvater die schwere Tür, und sie betraten die Kirche. Sie war ziemlich modern, ganz schlicht und sehr hell. Sie gingen nach vorn, bis zum Altar.

Maries Augen weiteten sich vor Überraschung. Auf dem Altar stand ein Kreuz, gefertigt aus drei großen Nägeln, jeder so lang wie Maries Unterarm. Sie waren auch nicht rund wie die Nägel aus Papas Werkzeugkiste, sondern viereckig. Die Oberfläche der Nägel war nicht glatt, sondern uneben – handgeschmiedete Nägel.

„Großvater", flüsterte Marie, „ist das das

Kreuz aus der zerbombten englischen Kathedrale?" – Großvater nickte und sagte: „Ja, das ist eines der vielen Nagelkreuze aus Coventry. Damals hatten die Leute die Nägel aus den Trümmern gesammelt, aufbewahrt und dann viele, viele Kreuze daraus gestaltet. – Komm, wir setzen uns hier in die Bank. Dann erzähle ich die Geschichte weiter. Schon bald nach dem Krieg fuhr der Domprobst von Coventry, William hieß er, nach Deutschland. Er besuchte die Städte, die von den Engländern schwer zerstört worden waren – sozusagen aus Rache für Coventry. Er besuchte die Gemeinden, sprach mit den Menschen und predigte in ihren Gottesdiensten – auf Deutsch! Jede seiner Predigten schloss mit dem Satz des Vaterunsers ‚Vergib uns unsere Schuld, wie auch wir vergeben unseren Schuldigern‘. Er lud die deutschen Jugendlichen nach Coventry ein, damit sich Engländer und Deutsche kennenlernen könnten.

Auch aus dieser Stadt fuhr eine Gruppe Jugendlicher nach Coventry. Sie halfen mit bei den Aufbauarbeiten der neuen Kathedrale, die dicht neben der zerbombten Kathedrale entstand. Sie wohnten bei englischen Familien. Die Leute erzählten ihnen von der alten Kathedrale, in der sie getauft und konfirmiert worden waren und in der sie geheiratet hatten. Sie erzählten von der alten Orgel, auf der schon der berühmte Komponist Georg Friedrich Händel gespielt hatte …

In ihren Geschichten fanden sich die Jugendlichen wieder. Es waren auch ihre Geschichten. Genau das hatten sie in ihrer Heimatstadt erlebt. So entstand ein großes Verständnis füreinander, ein Mitleiden, ohne Bitterkeit oder Schuldzuweisungen.

Am Tag bevor die Jugendlichen wieder zurück nach Deutschland fuhren, feierten sie zusammen mit der englischen Gemeinde einen Gottesdienst. Nach dem Vaterunser, zum Friedensgruß, trat der Domprobst William auf den Leiter der deutschen Gruppe zu und überreichte ihm eines der Nagelkreuze als Zeichen der Hoffnung und der Versöhnung. Und so kommt eines der Nagelkreuze von Coventry hier in diese Kirche", schloss Großvater.

Marie schwieg eine Weile. Dann fragte sie: „Woher weißt du das eigentlich alles so genau, Großvater?" – „Der Leiter dieser Jugendgruppe war ich", erwiderte Großvater und lächelte Marie an. „Damals habe ich ein Wunder erlebt. Aus Bösem wuchs Gutes und aus Feinden wurden Freunde."

Marie schlug die nächste Seite auf und sagte dann zu ihrem Vater: „Du erinnerst dich doch bestimmt an Gummistiefel-Anton. Als ich Großvater von ihm erzählt habe, hat er genickt und gesagt: ‚Ja, so ist das mit der Nächstenliebe, Marie. Es fällt uns leicht, die zu lieben, die uns nahestehen. Schon schwieriger wird's mit denen, zu denen wir lieber Abstand halten. Aber sehr schwer ist es, die zu lieben, die uns auf einmal zu nahe kommen.'"

GUMMISTIEFEL-ANTON

Jeder in der Stadt kannte Gummistiefel-
Anton, auch Marie. Immer, im Sommer
und im Winter, trug er halbhohe grüne
Gummistiefel. Darum hatten ihn die Leute
so genannt. Ob er wirklich Anton hieß,
wusste niemand; denn niemand hatte je
nach seinem Namen gefragt.
Eine Zeit lang hatte er die Obdachlosen-
zeitschrift in der Fußgängerzone verkauft.
Doch die Leute kauften nicht gern bei ihm.
Er war ihnen zu aufdringlich. Er schaute
jeden böse an, der keine Zeitschrift wollte,
und rief Gemeinheiten hinter ihm her. Jetzt
verkaufte er keine Zeitschriften mehr, sondern saß tagein, tagaus vor einem großen
Kaufhaus dicht neben dem Haupteingang
auf einer Pappe. Neben sich hatte er einen
Pappbecher stehen und ein Schild. Darauf
stand: Obdachloser bittet um eine Spende.
Manchmal warf ihm ein Passant Geld in

den Becher. Dann schaute er kurz auf. Aber sonst starrte er meist geradeaus auf den Bürgersteig und redete unverständliche Sätze vor sich hin.

Marie war der Mann ein bisschen unheimlich, und auch ihre Mutter benutzte lieber einen anderen Eingang, um in das Kaufhaus zu gehen. Doch Gummistiefel-Anton belästigte niemanden mehr. Er war einfach nur da, vor der Kaufhaustür. Die meisten Leute übersahen ihn einfach.

An einem Sonntagmorgen allerdings störte er die Leute in ihrer Ruhe auf, unvermutet und heftig. Marie war mit ihrem Vater in die Kirche gegangen. Der Gottesdienst war gut besucht. Die Leute, die hereinkamen, grüßten höflich nach rechts und links. Man kannte sich. Es war ein schöner Gottesdienst, sehr ruhig, andächtig und feierlich. Der Pfarrer predigte über die Geschichte vom verlorenen Sohn, und in den Fürbitten betete die Gemeinde für alle, die sich verloren und allein fühlten: für die alten Leute, die kaum Besuch bekamen, für die Obdachlosen, die kein Zuhause mehr hatten, und für die Arbeitslosen, die ihre Arbeit verloren hatten.

Kurz vor dem Schlusssegen flog auf einmal die Tür hinten in der Kirche auf. Sie schlug krachend an die Wand, und Gummistiefel-Anton stand auf der Schwelle. Er schien völlig betrunken zu sein, torkelte den Mittelgang entlang, schlug dabei mehrmals

mit der Faust auf die Bankenden und stieß
wüste, kaum verständliche Beschimpfun-
gen aus. Erschrocken griff Marie nach der
Hand ihres Vaters. Dem Pfarrer verschlug
es die Sprache. Alle Köpfe drehten sich
Gummistiefel-Anton zu, der bis vorn zum
Altar wankte. Dort hielt er sich schwan-
kend an dem Kreuz fest, das seitlich vor
dem Altar stand, und warf dabei einen der
großen Silberleuchter um. Laut scheppernd
rollte der durch den Chorraum und hinter-
ließ eine dicke Spur flüssigen Wachses auf
dem blank polierten Marmor.

Langsam sackte Anton an dem Kreuz entlang zu Boden. Er blieb auf einer der Altar-
stufen hocken. Mit blutunterlaufenen Augen stierte er in die Gemeinde und begann
wieder zu grölen. „Scheinheilige, verloge-
ne Bande", lallte er. „Beten könnt ihr gut.
Aber an uns geht ihr vorbei, grüßt uns nie,
schaut uns nicht mal an. Möchte euch mal
sehen mit 'nem Stück Pappe unter dem

Hintern, ob ihr da noch beten könnt!" Er verstummte. Es wurde so still, dass man eine Stecknadel hätte fallen hören. Eine knisternde Spannung lag in der Luft. Gerade noch hatte man für die gebetet, denen das Leben übel mitgespielt hatte, und jetzt stand da einer von diesen Menschen mitten unter ihnen und störte den Gottesdienst. Zögernd standen zwei, drei Männer auf, anscheinend um den Störenfried rauszubringen. Doch der Pfarrer bedeutete ihnen mit einem Kopfschütteln, sich wieder zu setzen.

Auf einmal stand eine Frau auf, ging auf Gummistiefel-Anton zu und nahm seine Hand. „Herr Bücker, wir kennen uns doch", sagte sie mit ruhiger Stimme und schaute ihn dabei an. „Woher?", fuhr er sie an. – „Aus dem Haus der Wohnungslosen", erwiderte sie. Da ging ein Schimmer des Wiedererkennens über sein Gesicht. Ja, das war die Frau Schröder. Die arbeitete in dem Haus. Sie hatte ihm schon oft frische Sachen oder eine Decke gegeben, hatte ihn energisch unter die Dusche geschickt, wenn sie meinte, dass es nötig war, und hatte mit ihm und den anderen am Tisch gesessen und gegessen. Frau Schröder setzte sich neben ihn auf die Stufen. „Mir geht's so scheiße", murmelte er. Da legte sie den Arm um seine Schulter, und so blieben sie sitzen, ganz ruhig, während die Gemeinde das Schlusslied sang und nach dem Segen schweigend und leise aus der Kirche ging.

Gummistiefel-Anton, oder vielmehr Herr Bücker, saß seitdem nie mehr auf seiner Pappe neben der Kaufhaustür. Was aus ihm geworden war, wusste niemand so genau. Aber man sprach noch lange von Herrn Bücker und seiner „Predigt".

Einmal blätterte Marie mit ihrer Mutter in dem Buch. Als sie die Seite mit der Nikolausgeschichte aufschlugen, mussten sie beide lachen. „Weißt du noch?", fragte Marie. – „Ja", erwiderte ihre Mutter, „das war der beste Nikolaus, den ich jemals erlebt habe. Als wir Großvater davon erzählten, hat der sich vor Lachen gebogen."

DER NIKOLAUS MACHT GESCHICHTEN

Der 6. Dezember nahte: Nikolaus. In Klasse 2a herrschte große Aufregung. Der Nikolaus würde kommen. Die Kinder würden singen und Marie ein Gedicht aufsagen. „Von drauß' vom Walde komm ich her, ich muss euch sagen, es weihnachtet sehr …". Marie konnte es fehlerfrei aufsagen, das ganze, lange Gedicht ohne zu stocken. Dann würde der Nikolaus zu jedem Kind etwas aus seinem goldenen Buch vorlesen. Jedem Kind würde er eine prallgefüllte Nikolaustüte und einen Stutenkerl schenken. Ja, so würde es sein, ein bisschen spannend und doch so schön, dass man davon Bauchkribbeln bekam.

Am letzten Elternabend hatte man auch das schwierigste Problem gelöst, nämlich, wer den Nikolaus spielen würde. Frau Josten, die Elternvertreterin, erklärte, dass ihr

Mann es übernehmen würde – wenn er das Kostüm, den großen Sack und das goldene Buch bekäme. Das war alles kein Problem, Hilfe und Unterstützung wurde von allen Seiten zugesagt.

Die Angelegenheit wurde erst schwierig, als Frau Josten zuhause ihrem Mann diesen Plan eröffnete. „Wie bitte?", er ließ seine Zeitschrift sinken. „Wie kannst du zusagen, ohne mich zu fragen?!" – „Ach, ich dachte, du würdest es gern machen. Du kannst doch so gut mit Kindern." – „Im Training, beim Sport, ja. Aber das ist doch was anderes. Ruf sofort die Lehrerin an und sage ab. Sag, es wäre ein Missverständnis." – „Das geht nicht. Ich habe fest zugesagt. Ich bin sicher, du kannst das! Das Kostüm und alles kriegst du geliefert. Es gibt überhaupt kein Problem. Denk an die Kinder, wie sie sich freuen werden. Unser Kleiner ist doch auch in der Klasse. Du kannst unsern Olli nicht enttäuschen."

Nach langem Hin und Her brummte Herr Josten schließlich: „Gut, ich mach's. Aber zu den nächsten Elternabenden gehe ich!" – „Eine wunderbare Idee", strahlte seine Frau. Die Welt war wieder in Ordnung – jedenfalls bis zum Abend des 5. Dezember. Nachmittags war die Mutter eines Mitschülers vorbeigekommen und hatte einen Karton abgegeben. Da sollte alles drin sein, das Kostüm, der Bart und das goldene Buch. Der Sack mit den Nikolaustüten sollte direkt zur Schule gebracht werden. Am Abend, als die Kinder schliefen, öffnete Herr Josten den Karton. Seine Frau schaute ihm neugierig über die Schulter. Als er das Kostüm herauszog, schnappte er hörbar nach Luft. „Was ist das?", rief er entsetzt. „Nun, ich denke, es ist dein Kostüm für morgen", erwiderte seine Frau. „Das seh ich, dass das ein Kostüm ist", raunzte ihr Mann sie an. „Aber das ist kein Nikolauskostüm! Oder trägt der Nikolaus eine rote

Zipfelmütze mit weißem Puschel, eine rote Jacke mit weißem Pelzbesatz, eine rote Hose und Stulpenstiefel? Ich mach mich doch nicht zum Affen! Das ist ein Weihnachtsmannkostüm. Der Weihnachtsmann hat mit dem Bischof Nikolaus überhaupt nichts zu tun!" – „Nun reg dich doch nicht so auf. Ist doch nicht so wichtig, ob Nikolaus oder Weihnachtsmann. Hauptsache, die Kinder haben ein schönes Erlebnis", versuchte seine Frau ihn zu beschwichtigen. – „Was?", rief Herr Josten, und die Zornesader an seiner Stirn schwoll bedenklich an. „Es ist nicht wichtig? Meine eigene Frau sagt, es sei nicht wichtig? Der Weihnachtsmann ist nicht der Nikolaus! Der heilige Nikolaus war ein Bischof, und ein

verdammt guter dazu. Bischof von Myra war er. Er war ein Freund der Menschen, besonders der Kinder. Er wusste, wenn sie Sorgen und Nöte hatten, und tat Gutes, wo er nur konnte. Er soll sogar ein paar Wunder gewirkt haben. Das war ein ganz Großer, der heilige Nikolaus. Den Weihnachtsmann haben die Amerikaner erfunden oder Coca-Cola oder alle beide, was weiß ich. Im Gegensatz zum Weihnachtsmann trug der Nikolaus mit Sicherheit keine roten Hosen und keine Zipfelmütze mit 'nem weißen Puschel. Er kurvte auch nicht mit einem Rentierschlitten am Nordpol rum. Und er war bestimmt auch nicht so dick!" – „Du meine Güte! Natürlich weiß ich, dass der Nikolaus nicht der Weihnachtsmann ist. Aber wir haben nun mal kein anderes Kostüm. Ich kann mir bis morgen früh nicht Bischofsgewand, Hirtenstab und Mitra aus den Rippen schneiden." – „Dieses Kostüm ziehe ich nicht an. Ich soll als Nikolaus zu den Kindern kommen und nicht als Weihnachtsmann. Dafür wäre ich auch viel zu früh." – „Wieso?" – „Weil der Weihnachtsmann zu Weihnachten kommt, wie der Name schon sagt, und nicht am 6. Dezember." Herr Josten funkelte seine Frau wütend an. Die verdrehte die Augen und sagte: „Ist ja alles richtig, was du sagst. Aber mach bitte kein Drama draus. Den Kindern ist es doch völlig egal, wer zu ihnen kommt. Sie werden den Unterschied wahrscheinlich gar nicht merken." – „Na bitte, das ist es ja. Sie wissen es nicht mehr! Ob Nikolaus oder Weihnachtsmann, ist völlig egal; Hauptsache, es gibt Geschenke!" – „Jetzt mach mal 'nen Punkt!" Nun wurde Frau Jost auch wütend. „Wir können es nicht ändern, und es ist völlig unmöglich, 28 Kinder zu enttäuschen."

Der nächste Morgen kam. Die Lichter auf der Fensterbank und am Adventskranz brannten und die Kinder sangen ein Adventslied. Da klopfte es, und herein kam Herr Josten. Niemand allerdings erkannte ihn; er trug eine rote Jacke mit weißem Pelzbesatz, eine rote Hose, Stulpenstiefel und eine rote Zipfelmütze mit einem weißen Puschel. Ein weißer, wallender Vollbart verbarg fast sein ganzes Gesicht. Über der Schulter trug er einen prall gefüllten Sack.

Die Kinder begrüßten ihn artig, sangen ein Lied, und Marie sagte das Gedicht auf. Alles lief wie geplant, bis der Nikolaus sagte: „Kinder, ich muss euch unbedingt etwas erzählen." Das war nicht abgesprochen. Frau Lohmann hob verwundert den Kopf, und die Mütter, die Fotos machten, ließen überrascht ihre Kameras sinken.

„Stellt euch vor, was mir passiert ist", fuhr der Nikolaus fort. „Ihr habt euch vielleicht gewundert, warum ich die Sachen des Weihnachtsmannes trage. (Bis zu diesem Zeitpunkt hatte sich allerdings noch kein

119

einziges Kind gewundert.) Mir ist heute etwas ganz Dummes passiert. Ich habe mir beim Frühstück einen ganzen Becher heißen Kakao über mein Bischofsgewand geschüttet.

Dabei habe ich mich so erschrocken, dass mir mein Bischofshut vom Kopf fiel, mitten in die Kakaopfütze hinein. Kakao! Den kriegt man schlecht rausgewaschen. Ich konnte unmöglich so bekleckert zu euch kommen. Da bin ich zu meinem Freund, dem Weihnachtsmann, gegangen und habe ihn gefragt, ob er mir irgendwie aus der Patsche helfen könnte. Tja, da hat der gesagt: ‚Nimm einfach meine Sachen. Ich brauche sie erst zu Weihnachten. Heute bleibe ich im Bademantel. Geh in meinen Kleidern zu den Kindern. Es wäre zu traurig, wenn sie vergeblich auf den Nikolaus warten würden.' – Ja, und darum stehe ich, der Nikolaus, heute in Weihnachtsmannsachen vor euch."

Die Kinder nickten verständnisvoll, obwohl sie nicht so wirklich wussten, was ihnen dieser sonderbare Nikolaus-Weihnachtsmann eigentlich sagen wollte. Die Mütter vergaßen vor lauter Überraschung, Fotos zu machen, und Frau Lohmann überlegte fieberhaft, wie sie den Kindern den Unterschied zwischen Weihnachtsmann und Nikolaus erklären sollte.

Aber der Nikolaus-Weihnachtsmann schlug sein goldenes Buch auf, rief jedes Kind nach vorn, sagte ihm etwas Nettes und Lobenswertes, das er in seinem Buch verzeichnet hatte, und überreichte ihm eine Nikolaustüte mit einem Stutenkerl und anderen guten Dingen. Dann sangen die Kinder noch ein Lied und winkten fröhlich, als sich der Nikolaus verabschiedete.

Von draußen, vor der Tür, hörte er noch eine helle Kinderstimme fragen: „Wer kommt denn dann zu Weihnachten, der Weihnachtsmann oder das Christkind?"

„Guck mal", sagte Marie einmal zu Tante Lotte. „Großvater hat auch die Geschichte von deinem Sohn Felix und seinem Freund Ben aufgeschrieben."

VERSÖHNUNG HEIßT
GEMEINSAM WEINEN

Felix und Ben waren die besten Freunde. Schon im Kindergarten waren sie unzertrennlich. Mittlerweile waren sie in der 4. Klasse und saßen immer noch nebeneinander. Die Lehrerin hatte schon mehrfach die Sitzordnung geändert. Die anderen Kinder ließen sich alle, mehr oder weniger bereitwillig, auf ihren neuen Banknachbarn ein. Nur Felix und Ben nicht. Sie schafften es immer irgendwie, nach spätestens einer Woche wieder nebeneinanderzusitzen.

Auch nachmittags verabredeten sich die beiden oft zum Spielen. Ihr Lieblingsspielplatz war das große, unbebaute und verwilderte Grundstück hinter Bens Haus. Vor vielen Jahren hatte dort einmal ein Hof gestanden. Der war längst verschwunden. Irgendwann war er wegen Baufälligkeit abgerissen worden. Völlig verwahrloste, von Unkraut überwucherte Buchsbaumhecken ließen noch erahnen, wo früher der Gemüsegarten gewesen war. Auch die alten Obstbäume standen noch, inmitten von hüfthohem Gras und Unkraut. Seit Jahren waren sie nicht mehr beschnitten worden. Trotzdem, die Äpfel dieser Bäume waren unübertrefflich lecker. Ein Baum trug tiefrote Äpfel. Ihr Fruchtfleisch war ganz weiß, und unter der Schale war es etwas rötlich. Viele Jahre später noch, als Erwachsener, behauptete Felix, nie mehr in seinem Leben so leckere Äpfel gegessen zu haben. „Es sind nicht nur die Äpfel", sagte seine Mutter dann. „Es ist der Geschmack deiner Kindheit."

Manchmal fanden Ben und Felix einen „Schatz": verrostete Hufeisen, eine alte Kuhkette und natürlich jede Menge Ziegelsteine, auf denen man oft noch den Prägestempel der Ziegelei erkennen konnte. Es war herrlich, dort zu spielen, ganz frei, ohne dass die Erwachsenen sie sahen.

In diesem Sommer hatten sie sich eine Bude gebaut. Wochenlang waren sie damit beschäftigt gewesen, Bretter und Äste zusammenzusuchen, dazu noch etliche Nägel und Schnüre. Damit hatten sie ihr Traumhaus errichtet. Ein wenig schief lehnte es sich an einen der Obstbäume an. Jetzt war es, bis auf ein paar Kleinigkeiten, fast fertig. Felix schleppte gerade ein paar Äste heran, um das Dach noch ein wenig abzudichten. Ben hockte vor dem Eingang, mit dem Rücken zu Felix, und legte sorgfältig Steine rund um eine kleine Grube. Dort wollten sie später ein Feuerchen machen. Felix griff nach einem kleinen Ast, um ihn in eine Lücke des Daches zu legen. Sein Blick streifte den gebeugten Rücken seines Freundes. Da, so sagte Felix später, schoss etwas in ihm hoch, etwas Böses. Wieso und warum konnte er nie erklären. Er packte den Ast, hob ihn hoch und ließ ihn auf den Rücken seines Freundes niedersausen. Der Ast war morsch und zerbrach sofort, sodass Ben nicht verletzt wurde. Aber nie würde Felix den Blick seines Freundes vergessen, der sich zu ihm umdrehte und ihn anschaute, zuerst nur erschreckt, dann aber – als er erfasste, was geschehen war – völlig fassungslos. Er sagte nichts, schlug auch nicht zurück. Er schaute Felix nur an, und Felix sah, wie plötzlich Tränen in Bens Augen standen. Ben stand auf, ging ein paar Schritte von Felix weg zu einem quer liegenden Baumstamm und ließ sich darauf niedersinken. Er schlug die Hände vors Gesicht. Felix sah, dass er weinte. Warum hatte er das nur getan? Der Rest des durchgebrochenen Astes fiel ihm aus der Hand. Die Kehle wurde ihm eng. Er ging langsam hinüber zu Ben und setzte sich neben ihn. Auch er weinte, genauso fassungslos wie sein Freund.

Auf einmal spürte Felix, wie Ben seinen Arm um ihn legte und mit rauer Stimme sagte: „Komm, Felix, wir wollten doch ein Feuerchen machen und Stockbrot backen."